Univ.-Doz. Dr. Maximilian Ledochowski
Dipl. DA & EMB Cornelia Hölzl und Dipl. DA & EMB Theresa Pfandler

Fruchtzuckerarm kochen und sich wohl fühlen

KRENN

Danksagung

Unser besonderer Dank gilt Frau Dipl. DA & EMB Helene Bair für die Zusammenarbeit und die fachliche Unterstützung zu diesem Buch.

Weiters möchten wir uns bei allen Freiwilligen, besonders der Innsbrucker Selbsthilfegruppe unter der Leitung von Ingrid Steiner, bedanken, die uns bei der Austestung der Rezepte geholfen haben, sowie bei der Hubert Krenn VerlagsgesmbH für die gelungene Zusammenarbeit.

Medizinische Fachinformation: unter Mitarbeit von	Univ.-Doz. Dr. M. Ledochowski Mag. Veronika Gufler
Rezepte und Ernährungstherapie:	Dipl. DA & EMB Cornelia Hölzl Dipl. DA & EMB Theresa Pfandler

Wiedner Hauptstr. 64, 1040 Wien
Tel. 01/585 34 72, Fax 01/585 04 83
E-mail: hwk@buchagentur.at, URL: www.hubertkrenn.at

Lektorat: Inge Krenn
Umschlag und Grafik: Peter Furian
Layout: Barbara Schneider-Resl
Druck und Bindung: Druckerei Theiss GmbH, A-9431 St. Stefan

ISBN-Nr: 3-902351-26-8

Univ.-Doz. Dr. Maximilian Ledochowski
Dipl. DA & EMB Cornelia Hölzl
Dipl. DA & EMB Theresa Pfandler

▸▸▸ Fruchtzuckerarm kochen und sich wohl fühlen

KRENN

Inhalt

Alle Mengenangaben in den Rezepten beziehen sich, falls nicht anders angegeben, auf **vier** Portionen.

Verwendete Abkürzungen:

g ....Gramm
ml..........Milliliter
l.............Liter
EL ....Esslöffel
TL ....Teelöffel
Pkg. ......Packung
Stk. ....Stück

Univ.-Doz. Dr.
Maximilian Ledochowski

Fruktosemalabsorption

ist eine Störung, die mit einer ungenügenden Resorption des Einfachzuckers Fruktose einhergeht. Dabei gelangt Fruktose vermehrt in den Dickdarm und wird dort von Darmbakterien zu kurzkettigen Fettsäuren, Kohlendioxid und Wasserstoff verstoffwechselt. Bei etwa der Hälfte der betroffenen Patienten führt dies zu Darmkrämpfen, Blähungen oder Durchfällen. Patienten mit Fruktosemalabsorption zeigen nicht nur Symptome eines Reizdarmsyndroms, sondern häufig auch Zeichen einer Depression, eines Folsäure- oder Zinkmangels. Bei chronisch bestehender Fruktosemalabsorption kann es darüber hinaus zu einer bakteriellen Fehlbesiedelung des Dünndarmes kommen.

Fruktosemalabsorption ist von der selten vorkommenden, dafür aber um so bekannteren hereditären Fruktoseintoleranz streng abzugrenzen. Die hereditäre Fruktoseintoleranz (HFI) ist durch einen angeborenen Mangel an Fruktose-1-Phosphatat-Adolase (kurz Adolase B) gekennzeichnet. Die Fruktosemalabsorption kennzeichnet sich hingegen durch ein defektes Transportsystem für Fruktose im Dünndarm aus. Im Gegensatz zur Fruktosemalabsorption, bei deren Therapie eine lediglich fruktosearme Ernährung anzustreben ist, muss die Diät von Patienten mit HFI fruktose**frei** sein.

WICHTIG!

Wichtiger Hinweis:

Die in diesem Buch angeführten Rezepte sind nur für Patienten mit Fruktosemalabsorption, nicht aber für Patienten mit hereditärer Fruktoseintoleranz (HFI) geeignet!

Resorption von Einfachzucker

Die über die Nahrung aufgenommenen Kohlenhydrate werden durch bestimmte Enzyme in Mehrfach- und Einfachzucker aufgespalten, die dann durch entsprechende Transportproteine durch die Dünndarmzellen in die Blutbahn gelangen. Die Transportfamilie, die für Einfachzucker zuständig ist, wird nach der Reihe ihrer Entdeckung als GLUT 1 bis GLUT 12 bezeichnet. Daneben gibt es noch ein aktives Transportsystem mit der Bezeichnung SGLT1, welches bevorzugt Glukose in die Dünndarmzelle transportiert und wahrscheinlich das leistungsfähigste Glukosetransportsystem des Darmes ist.

Das für die Fruktoseresorption relevante Transportprotein ist der GLUT-5-Transporter. Ein Defekt dieses Transportsystems hat zur Folge, dass Fruchtzucker nicht vollständig resorbiert wird. Dies führt zum Krankheitsbild der Fruktosemalabsorption mit den bekannten Symptomen eines Reizdarmsyndroms.

Das für die Fruktoseresorption relevante Transportprotein ist der **GLUT-5-Transporter.**

Die Kapazität des GLUT-5-Transporters wird durch die Aufnahme von Sorbit mit der Nahrung vorübergehend blockiert, während sie durch gleichzeitige Aufnahme von Glukose verbessert werden kann. Dies ist der Grund, warum Saccharose auch bei Vorliegen einer Fruktosemalabsorption relativ gut resorbiert wird, da mit jedem Molekül Fruchtzucker gleichzeitig ein Molekül Traubenzucker angeboten wird und so die Restaktivität des GLUT-5-Transporters stimuliert wird.

Klinik der Fruktosemalabsorption

Bei der Fruktosemalabsorption kann Fruktose nur begrenzt oder gar nicht aus dem Dünndarm resorbiert werden. In Folge treten hohe Konzentrationen an Fruktose vom Dünndarm in den Dickdarm über. Dort wird der nicht resorbierte Fruchtzucker von anaeroben oder microaerophilen Bakterien aufgenommen und zu Wasserstoff, Kohlendioxyd und kurzkettigen Fettsäuren verstoffwechselt.

Diagnose der Fruktosemalabsorption durch Wasserstoffatemtest

Kurzkettige Fettsäuren können wiederum in die entsprechenden Alkohole und Aldehyde umgewandelt werden. Die entstehenden Stoffwechselprodukte fallen in sehr hohen Konzentrationen an und werden teilweise resorbiert und abgeatmet. Wasserstoff kann schon wenige Minuten nach Einsetzen des Abbauprozesses in der Ausatemluft nachgewiesen werden und wird zur Diagnose der Fruktosemalabsorption herangezogen (Wasserstoffatemtest). Während der entstehende Wasserstoff keine Beschwerden verursacht, führt die Bildung von Kohlendioxid zu Blähungen und die Bildung von kurzkettigen Fettsäuren zu Durchfall. Demnach sind Blähungen und Durchfälle die Leitsymptome einer Fruktosemalabsorption.

Es sind jedoch nur die Hälfte aller Patienten mit Fruktosemalabsorption klinisch symptomatisch. Das Beschwerdebild hängt von der Menge und der Art der Darmbakterien und davon, in welchem Darmabschnitt (Dünn- oder Dickdarm) der Abbauprozess stattfindet, ab. Da der Dünndarm in der Regel nur sehr dünn mit Bakterien besiedelt ist, werden Abbauprozesse in diesem Bereich sehr schlecht vertragen, während Abbauprozesse im Dickdarm physiologisch sind und seltener zu Beschwerden führen.

Insgesamt präsentieren sich Patienten mit Fruktosemalabsorption meist mit dem Bild des Reizdarmsyndroms. Bedenkt man, dass das Reizdarmsyndrom in der gastroenterologischen Sprechstunde eines der am häufigsten anzutreffenden Krankheitsbilder ist, so kommt der Erkennung und Behandlung der Fruktosemalabsorption eine epidemiologisch wichtige Stellung zu. Vor allem weil die klinische Erfahrung zeigt, dass so mancher „Reizdarm" nach einer Fruchtzucker reduzierten Diät verschwindet bzw. deutliche Besserung eintritt.

Diagnose der Fruktosemalabsorption

Nach Erhebung einer Beschwerden- und Ernährungsanamnese wird die Fruktosemalabsorption beim Arzt üblicherweise **mittels Wasserstoffatemtest** gestellt:

Dabei erfolgt eine Analyse der Ausatemluft nach Gabe von 25 g Fruchtzucker aufgelöst in einem Glas Wasser. Die Messungen erfolgen in halbstündigen Abständen über mindestens zwei Stunden. Steigt die Konzentration von Wasserstoff in der Ausatemluft auf mehr als 20 ppm (parts per million) über dem Nüchternwert an, so spricht man von einer Fruktosemalabsorption.

Selbsttest mit Apfelsaft

Man kann aber auch durch einen **Selbsttest** eine Idee davon bekommen, ob man eine Fruchtzuckerunverträglichkeit hat oder nicht, indem man einen halben Liter Apfelsaft trinkt. Treten Symptome wie Durchfall, Blähungen, Bauchkrämpfe, gurgelnde Darmgeräusche oder Kreislaufsymptome auf, so ist die Wahrscheinlichkeit groß, dass man an einer Fruchtzucker- und/oder Sorbitunverträglichkeit leidet. In diesem Fall sollte man einen Arzt aufsuchen und die Diagnose mittels Wasserstoffatemtest sichern lassen.

Veränderungen aufgrund einer Fruktosemalabsorption

Depressionen

Psychische Veränderungen sind häufig.

Psychische Veränderungen sind häufig neben den körperlichen Beschwerden bei Menschen mit einer Fruktosemalabsorption zu finden. Betroffene fühlen sich müde und klagen oft über einen Leistungseinbruch. Wie eigene Untersuchungen zeigen, kann als Ursache dafür angenommen werden, dass bei einer Fruktosemalabsorption eine Resorptionsstörung der Aminosäure Tryptophan vorliegt.

Durch den Mangel an Tryptophan kommt es zu einer niedrigeren Serotoninsynthese und dadurch neben den depressionsähnlichen Zuständen auch zum Symptom „Süßhunger“. Der den Psychiatern wohl bekannte Kohlenhydrathunger bei Depressiven entsteht dann, wenn das Gehirn „Serotoninmangel“ signalisiert. Durch die Aufnahme von Süßem bzw. schnell verwertbaren Kohlenhydraten wie Nudeln, Reis und Kartoffeln kommt es zum Anstieg von Insulin, welches nicht nur Einfluss auf den Glukosehaushalt hat, sondern auch die Blut-Hirnschranke für die Aufnahme von Tryptophan in das Gehirn „erleichtert“. Für einen kurzen Zeitraum erfolgt wieder eine vermehrte Serotoninsynthese, was zu einer Stimmungsaufhellung führt. Dieser physiologische Vorgang ist für das Verständnis der Entstehung von Depressionen bei Fruktosemalabsorption sehr wichtig.

Bedenkt man, dass Patienten mit Fruktosemalabsorption eine Tryptophanresorptionsstörung aufweisen und dies zu Süßhunger führt, so ist die Wahrscheinlichkeit, dass wiederum vermehrt Fruktose zugeführt wird und es so zu einer weiteren Verschlechterung der Stimmungslage kommt, besonders groß.

Vor allem mit der zunehmenden Verwendung von Fruchtzucker in der Herstellung von industriellen Nahrungsmitteln und der allgemeinen Propagierung von „zuckerfreien" (und damit meist sorbit- oder xylithaltigen) Nahrungsmitteln kommt es so zu einer chronischen Verschlechterung für die Betroffenen. Auch die allgemeine Empfehlung, dass Obst gesund sei und daher vermehrt verzehrt werden sollte, führt so bei diesen Patienten zu einer stetigen Verschlechterung ihrer depressiven Symptomatik.

Wir konnten in einer eigenen Studie zeigen, dass bei Patienten mit Fruktosemalabsorption durch eine Reduktion der Fruchtzuckerzufuhr, insbesondere durch die Einschränkung des Verzehrs von Obst, eine signifikante Verbesserung des Beck'schen Depression Scores erreicht wurde. Ein Zusammenhang besteht auch zwischen der Verschlechterung der Beschwerden und dem Verzehr von Lebensmitteln, welche mit Zuckeraustauschstoffen oder Inulin angereichert bzw. produziert werden.

Vitamine und Spurenelemente

Folsäure- und Zinkmangel

Patientinnen mit Fruktosemalabsorption zeigen vor allem ab einem Alter von ca. 35 Jahren signifikant niedrigere Folsäurekonzentrationen im Blut als Personen ohne Fruktosemalabsorption. Wie dieser Mangel an Folsäure zustande kommt, ist nicht geklärt. Nachdem man aber weiß, dass die Art der bakteriellen Besiedelung des Darmes einen wesentlichen Faktor in der Versorgung des Menschen mit Folsäure darstellt, kann angenommen werden, dass eine Abnahme der Folsäurekonzentration bei Patienten mit Fruktosemalabsorption zumindest teilweise durch eine geänderte Darmflora bedingt ist. Durch die ständige Anflutung von nicht resorbiertem Fruchtzucker ist jedenfalls mit einer wesentlichen Änderung der Darmflora zu rechnen.

Folsäuremangel wird in zunehmendem Maß mit der Entstehung von kardiovaskulären Risikofaktoren in Zusammenhang gebracht. Neben der Ausbildung von Neuralrohrdefekten bei Neugeborenen, die mit Folsäurenmangelzuständen während der Schwangerschaft in Zusammenhang gebracht wird, scheint Folsäuremangel auch eine Rolle bei der Entstehung von Brustkrebs und Dickdarmkrebs zu spielen. Bedenkt man, dass Folsäuremangel mit Fruktosemalabsorption assoziiert ist, könnte die Fruktosemalabsorption auch bei der Entstehung dieser Folsäuremangelkrankheiten eine Rolle spielen.

Auch für Zinkmangelzustände konnte ein Zusammenhang mit der Fruktosemalabsorption gefunden werden. In dieser Studie konnten nicht nur signifikant niedrigere Zinkspiegel im Blut bei Patienten mit Fruktosemalabsorption im Vergleich zu Normalen gefunden werden, sondern es war kein einziger Patient mit Zinkmangel zu finden, der nicht gleichzeitig eine Fruktoseresorptionsstörung zeigte! Patienten mit anderen Kohlenhydratresorptionsstörungen wie z. B. der Laktoseintoleranz zeigten keine Zeichen eines Zinkmangels, so dass dies ein spezifisches Phänomen für Patienten mit Fruktosemalabsorption sein dürfte.

Bakterielle Fehlbesiedelung des Dünndarms (SIBOS)

Das „small intestinal bacterial overgrowth syndrome" (SIBOS) wird in der Regel nur bei massiver Fehlbesiedelung des Dünndarms diagnostiziert. Wenig Aufmerksamkeit bekommen jedoch bakterielle Fehlbesiedelungen, die vom Dickdarm her zunächst den distalen Dünndarmabschnitt befallen und dann mundwärts große Anteile des Dünndarms erschließen. Dies geschieht in der Regel einerseits durch eine undichte Ileozökalklappe (= ventilartige Schleimhautfalte, die den Dünndarm funktionell vom Dickdarm trennt), andererseits durch eine verminderte Darmbewegung des Dünndarms.

Blähungen, wie sie bei der Fruktosemalabsorption vorkommen, führen im proximalen Dickdarm zu einer Drucksteigerung, so dass die Ileozökalklappe undicht wird. Damit ist die Voraussetzung für eine Verunreinigung des Dünndarmes gegeben. Hier siedeln sich vor allem Bakterien wie Campylobacter, Yersinien und Clostridien mit Vorliebe an. Interessanterweise beginnt auch der M. Crohn (eine chronische Darmentzündung) in der Mehrzahl der Fälle in diesem Bereich.

Das „bakterielle overgrowth Syndrom" des Dünndarms kann leicht durch den frühen Wasserstoffanstieg im Atemtest nach Belastung mit Laktulose diagnostiziert werden. Bei Patienten mit small intestinal bacterial overgrowth syndrome treten nach dem Verzehr schlecht resorbierbarer Kohlenhydrate fast immer Beschwerden auf. Es finden sich darüber hinaus Hinweise, dass Fruktosemalabsorption nicht nur zu vermehrter bakterieller Aktivität im Dickdarm, sondern im fortgeschrittenen Stadium auch zu Fehlbesiedelungen im Dünndarm führen.

Differentialdiagnosen der Fruktose-malabsorption

Laktoseintoleranz

Das am besten bekannte Kohlenhydratmalabsorptions-syndrom ist der Laktasemangel mit dem klinischen Bild der Laktoseintoleranz. Die Häufigkeit dieses Enzymdefektes variiert in den unterschiedlichen geographischen Regionen sehr stark und zeigt ein Süd/Nord-Gefälle. Während in den skandinavischen Ländern nur etwa drei Prozent der Bevölkerung einen Laktasemangel aufweisen, findet man in Afrika und Asien bei 70 Prozent und in manchen Gegenden Zentralafrikas bei nahezu 100 Prozent der Bevölkerung diesen Enzymdefekt. In Österreich sind ca. zehn Prozent der Bevölkerung laktasedefizient.

Laktasemangel kann genetisch bedingt, aber auch sekundär im Rahmen einer anderen Erkrankung des Dünndarm-epithels (z. B. Zöliakie, M. Crohn, M. Whipple, etc.) vorkommen. Beschwerden treten ca. 60 Minuten nach Verzehr von milchzuckerhaltigen Nahrungsmitteln (nicht unbedingt Milchprodukten!) auf, wenn unverdauter Milchzucker in tiefere Darmabschnitte gelangt und dann von den dort ansässigen Bakterien vergoren wird. Genau so wie bei der Fruktosemalabsorption treten in der Folge Blähungen, Durchfall und Bauchschmerzen, sowie einige Stunden später schleimiger Stuhlabgang auf. Das Ausmaß der Beschwerden hängt von der Menge an zugeführtem Milchzucker, der restlichen Laktaseaktivität und der bakteriellen Flora des Dickdarms ab. Da in der Lebensmittelindustrie sehr häufig Magermilchpulver und auch reine Laktose eingesetzt werden (Schokolade, Kekssorten, Fertigpudding etc.) beschränkt sich das Auftreten von gastrointestinalen Beschwerden längst nicht mehr auf reine Milchprodukte. Im Gegenteil: Milchprodukte werden im Herstellungsprozess oft mit Bakterienkulturen versehen, welche die in der Milch enthaltene Laktose aufspalten, so dass keine relevanten Laktosekonzentrationen mehr im Lebensmittel enthalten sind.

Über 80 Prozent der Laktosemalabsorber leiden gleichzeitig an einer Fruktosemalabsorption! Nach unseren eigenen Erfahrungen kommt eine isolierte Milchzuckerunverträglichkeit in Österreich nur sehr selten vor. Bei ausbleibender Besserung bei Patienten mit Laktoseintoleranz trotz Einhalten einer laktosefreien Diät ist deshalb immer auch an eine gleichzeitig bestehende Fruktosemalabsorption zu denken. Umgekehrt haben etwa 25 Prozent der Patienten mit Fruktosemalabsorption auch eine Milchzuckerunverträglichkeit, sodass bei Vorliegen der einen Resorptionsstörung immer auch die andere Resorptionsstörung ausgeschlossen werden sollte.

Über 80 Prozent der Laktosemalabsorber leiden gleichzeitig an einer Fruktosemalabsorption!

Nahrungsmittelallergien

Nahrungsmittelallergien werden gerne für die Reizdarmsymptomatik verantwortlich gemacht. Echte IgE-vermittelte Nahrungsmittelallergien sind jedoch sehr selten. Neben Hauterscheinungen (Urtikaria) findet man unter den echten Nahrungsmittelallergien am häufigsten das so genannte „orale Allergie Syndrom“ (OAS). Dabei kommt es bei der Nahrungsaufnahme schon unmittelbar nach Kontakt des allergenhaltigen Nahrungsmittels mit der Schleimhaut des Mundes zur IgE-vermittelten Sofortreaktion mit Symptomen wie pelzigem Gefühl im Mund, Zungenbrennen, Schwellen der Lippen und anderen typischen IgE-vermittelten allergischen Symptomen. Reizdarmpatienten und Patienten mit Fruktosemalabsorption berichten jedoch nur sehr selten über diese Symptomatik. Auch treten die abdominellen Beschwerden bei Patienten mit Fruktosemalabsorption in der Regel erst 30 bis 90 Minuten nach Einnahme des fruchtzuckerhaltigen Nahrungsmittels auf.

Histaminunverträglichkeit

Am ähnlichsten zur echten Nahrungsmittelallergie ist die so genannte Histaminose. Klinisch treten Beschwerden auf, die auf eine vermehrte Histaminwirkung zurückzuführen sind: Histaminkopfschmerz (ähnlich einer Migräne), Flush (Erröten besonders nach Alkoholgenuss, vor allem nach Rotwein oder Sekt), Durchfälle und Bauchkrämpfe, evtl. Erbrechen, Blutdruckabfall, Herzrasen, generalisierter Juckreiz, manchmal Quinckeödem (plötzliches Anschwellen von Lidern, Lippen und Gesicht, Atemnot) und andere allergische Symptome wie „verstopfte" Nase, gerötete Augen und Asthma bronchiale.

Die Beschwerden treten in unterschiedlicher Ausprägung meist kurz nach einer Mahlzeit (30–60 Minuten, selten später) oder unmittelbar nach Alkoholeinnahme oder Kontrastmittelgabe auf.

Therapie der Fruktosemalabsorption

In erster Linie liegt die Therapie der Fruktosemalabsorption in der Reduktion des mit der Nahrung aufgenommen Fruchtzuckers. Daneben muss aber auch die Zufuhr von Sorbit absolut vermieden werden, da Sorbit die Fruktoseresorption verschlechtert. Saccharose muss in der Regel nicht reduziert werden, da der gleichzeitig zugeführte Traubenzucker das Resorptionsdefizit ausgleicht. Dieser Effekt kann auch insofern ausgenützt werden, als fruchtzuckerhaltiges Obst durch den gleichzeitigen Verzehr von Traubenzucker wieder verträglicher gemacht werden kann. Sollte trotz eingehaltener Diät keine Besserung erzielt werden, so sind weitere Resorptionsstörungen mittels Atemtest auszuschließen und gegebenenfalls auch diätetisch zu behandeln. Weiters ist zu beachten, dass eine Reihe von Nahrungsmitteln Einfachzucker enthalten, die physiologischerweise nicht resorbiert werden können, und deshalb die Beschwerdesymptomatik bei Patienten mit Fruktosemalabsorption verschlechtern können. Dazu zählen Nahrungsmittel, die Stachyose, Verbascose und/oder Inulin enthalten (Bohnen, Kraut-, Kohl-, Lauchgemüse, sowie manche Fertigprodukte wie Müsliriegel etc.), welche zumindest bei der initialen diätetischen Therapie vermieden werden sollten. Nach eintretender Besserung können diese Nahrungsmittel dann langsam wieder zugeführt werden.

Reduktion des mit der Nahrung aufgenommenen Fruchtzuckers

Zufuhr von Sorbit vermeiden

Fruchtzuckerhaltiges Obst wird durch gleichzeitigen Verzehr von Traubenzucker verträglicher

Ein weiterer Grund für das Nichtansprechen einer diätetischen Therapie bei Fruktosemalabsorption ist das Vorliegen anderer Ursachen, die mit einer Kohlenhydratresorptionsstörung einhergehen. Diese kann einerseits durch amylaseresistente Stärke, andererseits durch Umweltfaktoren wie Stimmung, Stress, Depressionen, hormonelle Veränderungen und andere Umstände, welche die Verdauungsleistung beeinträchtigen, ausgelöst werden. Beim prämenstruellen Syndrom kommt es bei den betroffenen Patientinnen auf Grund unzureichender prämenstrueller Gestagenwirkung zu Ödembildung, die u.a. auch die Darmschleimhaut betrifft und zu einer Minderung der Resorptionsfähigkeit führt. Vermehrte bakterielle Aktivität im Dickdarm (prämenstruelle Blähungen) ist dann die Folge.

In besonders hartnäckigen Fällen kann eine antibiotische Behandlung notwendig werden. Hier ist jedoch zu beachten, dass manche Antibiotika auch zu einer Verschlechterung der Situatuion führen können. Es ist daher in solchen Fällen unbedingt notwendig, einen Arzt zu konsultieren.

PHASEN

Die Ernährungstherapie richtet sich vor allem nach den individuellen Symptomen und wird meistens in drei Phasen unterteilt:

1. Karenzphase: streng fruktosearme und sorbitfreie Kost, jedoch zeitlich begrenzt – Dauer ca. 2–4 Wochen
2. Testphase- und Aufbauphase mit Lebensmitteln, die einen geringen bzw. mittleren Fruktosegehalt aufweisen
3. Langzeittherapie

Karenzphase

Empfehlenswert ist es, Fruchtzucker, Sorbit und ähnliche Zuckeraustauschstoffe (Maltit, Xylit, Mannit, Isomalt) für ca. 2–4 Wochen soweit als möglich zu meiden. Zusätzlich sollen anfangs auch bestimmte Gemüsearten weggelassen werden. Dazu zählen:

- Lauchgemüse (Zwiebel, Knoblauch, Schnittlauch)
- Kohlgemüse (Kraut, Karfiol, Kohlsprossen etc.)
- Hülsenfrüchte (Bohnen, Linsen, getrocknete Erbsen etc.)

Bei ausbleibender Besserung kann nach Rücksprache mit dem Arzt bzw. der Diätassistentin probeweise auch Brot weggelassen und durch Reiswaffeln ersetzt werden. Ziel dieser Karenzzeit ist es, die Beschwerden zum Abklingen zu bringen und die Zusammensetzung der Darmflora derart zu ändern, dass weniger Beschwerden auftreten.

Positivliste in diesen Wochen

- **Getränke**

  Wasser, eventuell grüner oder schwarzer Tee, Kaffee (jedoch nicht Malzkaffee!)

- Beilagen

  Reis, Hirse, Polenta, Kartoffeln

- Brot

  Reiswaffeln, Knäckebrot oder trockenes Brot (kein frisches Brot oder Vollkornbrot)

- Gemüse

  alle nicht blähenden Gemüsesorten in gekochter Form wie Karotten, Zucchini, Tomaten, Fenchel, Sellerie, Spargelspitzen, Spinat, eventuell Blattsalate

- Milchprodukte

  Milchprodukte können in Maßen gegessen werden, sofern nicht gleichzeitig eine Laktoseintoleranz vorliegt. Es ist zu beachten, dass etwa 25 Prozent aller Patienten mit Fruktosemalabsorption gleichzeitig eine Laktoseintoleranz haben.

- Fisch, Fleisch

  Können in normalen Mengen gegessen werden. Man sollte generell keine Saucen zum Fleisch essen.

Aufbau- bzw. Testphase

Tritt nach der strengen Karenzphase eine Besserung der Beschwerden ein, so kann mit der zweiten Phase, der so genannten Aufbau- bzw. Testphase, begonnen werden. Bei fehlender Besserung sollte der Arzt erneut aufgesucht werden, um das Vorliegen etwaiger anderer Erkrankungen weiter abzuklären. In der zweiten Phase werden dann fruktosehaltige Lebensmittel wieder in den Speiseplan eingeführt und deren Verträglichkeit getestet. In dieser Phase kann man schrittweise sehr gut seine individuelle Toleranzgrenze für Fruchtzucker herausfinden. Es wird darauf hingewiesen, dass die Verträglichkeit auch deutlichen individuellen Schwankungen unterliegen kann.

TIPPS

Meist gute Verträglichkeit:

- Bananen
- Honigmelonen, Zuckermelonen
- Mandarinen

Mittlere Verträglichkeit:

- Kleine Mengen von Beeren wie Brombeeren, Heidelbeeren, Stachelbeeren, Preiselbeeren, Erdbeeren, Himbeeren, Holunderbeeren, Johannisbeeren
- Wassermelonen

Folgende Lebensmittel können in dieser Testphase wieder in den Speiseplan aufgenommen und ausprobiert werden:

- Nüsse, Sonnenblumenkerne
- Fisolen, Erbsen, Wirsing, Melanzani, Schwarzwurzeln, Artischocken, Radieschen, Mangold, Essiggurken, Kohlrabi, Spargel
- Brot, Nudeln und andere Teigwaren (trockenes, altbackenes Brot wird meist besser vertragen als frisches)
- Lauchgemüse wie zum Beispiel Zwiebeln in kleinen Mengen und in gekochter oder gebratener Form

Langzeittherapie

Prinzipiell kann jene Menge an Fruchtzucker, die beschwerdefrei vertragen wird, auch gegessen werden.

Die Diät muss jedoch deshalb immer wieder an die sich ändernden Umstände angepasst werden. D. h. in Zeiten von Stress und anderen Umständen, die zu einer Zunahme der Beschwerden führen können, sollte wieder eine strengere Diät eingehalten werden (kurzfristige Rückkehr zu Phase 1), um dann nach Besserung der Beschwerden die Diät wieder zu lockern.

Eine dauerhafte Fruktosereduktion wird nicht empfohlen, da die Erfahrung gezeigt hat, dass die komplette Entlastung des Darmes oft zu einer noch ausgeprägteren Empfindlichkeit gegenüber Fruktose führt. Sollten Sie feststellen, dass eine Lockerung der Diät nicht möglich ist, muss eine weitere Abklärung durch den Arzt erfolgen.

Eine dauerhafte Fruktosereduktion wird nicht empfohlen!

TIPPS

Auf folgende Lebensmittel sollten Sie auf Dauer verzichten:

- Fruchtsäfte
- Trockenfrüchte
- mit Fruchtzucker oder Sorbit gesüßte Diabetiker- oder Diätlebensmittel
- zuckerfreie Kaugummis bzw. sorbithaltige Zuckerln

TIPPS

Weitere Einflussfaktoren:

- **Menge:** Die auf einmal verzehrte Menge an Fruchtzucker ist von großer Bedeutung. Fruchtzucker in geringen Mengen über den Tag verteilt wird besser toleriert als eine große Menge in kurzer Zeit.

- **Kombination mit anderen Nahrungsmitteln:** Fruchtzucker in Kombination mit anderen Nahrungsmittelbestandteilen, die die Fruktoseresorption hemmen (Sorbit etc.), bzw. zu Blähung führen (Ballaststoffe, Kohlensäure etc.), führen zu einer erhöhten Empfindlichkeit gegenüber Fruchtzucker. Die Kombination von Fruchtzucker mit resorptionsfördernden Nahrungsmittelbestandteilen (Glukose) führt zu einer besseren Verträglichkeit von Fruchtzucker.

- **Darmflora:** Die Zusammensetzung der Darmflora spielt eine entscheidende Rolle dabei, ob eine Fruktosemalabsorption zu Beschwerden führt oder nicht. Dauernd erhöhte Fruchtzuckerzufuhr führt dazu, dass fruchtzuckerspaltende Fäulnisbakterien vermehrt gebildet werden. Diese Bakterien produzieren Gase und kurzkettige Fettsäuren, die Beschwerden hervorrufen können. Betroffene können selber durch kurze Fastenperioden die Darmflora dramatisch verändern. Der Arzt hat durch verschiedene Medikamente die Möglichkeit, Einfluss auf die Darmflora zu nehmen. Daher empfiehlt sich bei einer Verschlechterung der Symptome wieder eine streng fruktosearme Diät durch 1–2 Wochen einzuhalten, damit sich die Darmflora erholen und die Bakterienanzahl verringern kann.

- **Bewegung:** Dass regelmäßige Bewegung positiv auf die Darmmotorik wirkt, ist generell bekannt. Bei einer Fruktosemalabsorption sollte man diesen Effekt nutzen, da es durch die Bewegung zu einem regelmäßigeren und besseren Weitertransport des Darminhalts und damit zu weniger Gärungsprozessen, Blähungen und Bauchschmerzen kommt.

- **Darmmassagen:** Können zusätzlich bei Verstopfung und Bauchschmerzen angewendet werden. Wichtig ist es, dass die Massage im Uhrzeigersinn durchgeführt wird. Positiv wirkt sich auch eine gut trainierte Bauchmuskulatur aus.
- **Trinken:** Eine auf die Darmmotorik leicht anregende und krampflösende Wirkung besitzt heißes Wasser. Da in den meisten Teesorten pharmakologisch wirksame Substanzen enthalten sind, sollten sie nicht verwendet werden. Gegen gelegentlichen Genuss von Tee ist jedoch nichts einzuwenden.

Um Patienten mit Fruktosemalabsorption beim Erstellen ihres individuellen Diätplanes behilflich zu sein, sind im zweiten Teil des Buches Ideen für fruchtzuckerarme Rezepte angeführt. Beratungsstellen, die sich mit der beschriebenen Thematik beschäftigen, sind unter der Internetadresse **www.fructose.at** zu finden. Dieses Buch soll jedoch nicht die Beratung durch die DiätassistentIn oder den Arzt ersetzen. Weitere interessante Internetadressen finden sich im Anhang.

Bitte beachten Sie,

dass **dieses Buch nicht als Grundlage für Patienten mit einer hereditären Fruktoseintoleranz (HFI) gedacht ist,** und dass Patienten mit einer HFI eine viel strengere, fruktosefreie Diät brauchen. Die in diesem Buch angeführten Beispiele sind nur für Patienten mit Fruktosemalabsorption gedacht, bei denen eine fruktosearme Diät meist ausreicht.

Viel Spaß beim Ausprobieren!

Zu den Rezepten

Im folgenden Kapitel sind einige Rezeptideen mit niedrigem Fruchtzuckergehalt (F) aufgelistet. Zusätzlich ist angegeben, ob die Rezepte auch für Patienten mit zusätzlicher Histaminunverträglichkeit geeignet sind (H):

👍 bedeutet sehr gute Verträglichkeit bzw. wenig Fruchtzucker- oder Histamingehalt.

☞ bedeutet gute Verträglichkeit, wenn Sie nicht an einer extremen Fruchtzucker- oder Histaminunverträglichkeit leiden.

👎 Hier ist Vorsicht angesagt: Achten Sie besonders auf die Tipps bei den Rezepten, wie Sie die Mahlzeit eventuell verträglicher machen können.

Hier noch einige Tipps, die Sie bei einer Fruktosemalabsorption (und auch Histaminintoleranz) beachten sollten:

Ernährungsprotokoll:

Halten Sie fest, welche Nahrungsmittel Ihnen welche Beschwerden machen. Dies ist vor allem in der Testphase ratsam, um herauszufinden, wo Ihre individuelle Fruchtzuckergrenze liegt.

In der Testphase der Therapie der Fruktosemalabsorption empfiehlt es sich, immer nur ein neues Nahrungsmittel pro Tag auszutesten!

Traubenzucker:

Zum Süßen fruchtzuckerreicher Obstsorten eignet sich vor allem Traubenzucker, der sie dadurch auch verträglicher macht. Bei einer schweren Form der Fruchtzuckerunverträglichkeit kann Zucker überhaupt durch Traubenzucker ersetzt werden.

Diabetikerprodukte/Diätprodukte:

Bei Diabetiker- und Diätprodukten wird häufig Zucker durch Sorbit und Fruchtzucker ersetzt. Hier ist deshalb grundsätzlich Vorsicht angesagt! Dasselbe gilt für „zuckerfreie“ Kaugummis und Zuckerln.

Ab und zu sündigen wird in der Regel besser toleriert als ein tägliches Zuviel.

Frische der Gerichte:

Vor allem bei Histaminunverträglichkeit ist es wichtig, immer auf die Frische der Nahrungsmittel zu achten. Vorsicht ist auch bei aufgewärmten Speisen geboten!

TIPPS

Die Frische der Lebensmittel ist ausschlaggebend für die Verträglichkeit (v. a. bei Histaminunverträglichkeit). Verwenden Sie deshalb kein eingelegtes Gemüse oder geräucherte Fisch- und Fleischwaren.

Lauchgemüse:

Knoblauch, Zwiebel und Lauch sind gekocht meist besser verträglich als roh.

Würzen:

Verwenden Sie keine fertigen Gewürzmischungen, bereiten Sie Ihre Speisen immer mit reinen und frischen Gewürzen und Kräutern zu.

Schonende Zubereitungsarten

wie Kochen oder idealerweise Dünsten sind anderen Zubereitungsarten (z. B. Herausbacken, Panieren) vorzuziehen.

Zwiebel:

Bei schlechter Verträglichkeit von Zwiebel können an ihrer Stelle Schalotten verwendet werden. Sie sind in kleinen Mengen meist besser verträglich.

Glukose:

Lebensmittel mit einem ausgewogenen Fruktose-/ Glukosegehalt oder einem Übergewicht an Glukose werden deutlich besser vertragen.

Käse:

Bei Histaminunverträglichkeit empfiehlt es sich, anstelle von lang gereiften Käsesorten (Hartkäse etc.) Butterkäse oder Frischkäse zu verwenden.

Wein:

In den Rezepten wird manchmal zum Abschmecken Wein verwendet. Um diese Gerichte auch bei Histaminintoleranz oder einer extremen Form der Fruktosemalabsorption verträglich zu machen, lassen Sie einfach den Wein weg oder ersetzen Sie ihn durch Wasser.

Kohlensäure:

Der Genuss von Kohlensäure in größeren Mengen kann zu Blähungen, Sodbrennen und Aufstoßen führen.

Kleinere Mahlzeiten:

Es empfiehlt sich, öfters kleine Mengen an Nahrungsmitteln zu sich zu nehmen.

Abends leichte Mahlzeiten:

Gegen Abend wird der Dickdarm träge und die Verdauung dadurch erschwert. Es empfiehlt sich deshalb, abends leichtere Mahlzeiten zu sich zu nehmen oder die Abendmahlzeit ganz auszulassen.

Zeit:

Nehmen Sie Sich Zeit für jede Mahlzeit und kauen Sie gut. Dadurch werden Speisen leichter verdaut und weniger Beschwerden verursacht.

Vorspeisen

Geflügelsalat mit Gemüse

F 👍
H 👍

Zutaten für 3 Personen:
2 gebratene Hühnerkeulen (ca. 300 g)
1 Karotte
1 gelbe geschälte Paprikaschote
1/2 kleine Zucchini
wenig Blattsalat
Öl, Essig, Salz, Pfeffer, Basilikum

Bei guter Verträglichkeit kann man auch mit wenig Knoblauch würzen.

1 Das Fleisch von den gebratenen Hühnerkeulen zerkleinern.

2 Gemüse und Blattsalat waschen. Zucchini fein reiben, Karotte und Paprikaschote in kleine Würfel schneiden und Blattsalate in kleine Stücke rupfen. Anschließend Fleisch mit Gemüse vermischen und mit Salz, Pfeffer und Basilikum würzen.

3 Eine Marinade aus Essig und Öl zubereiten und über den Salat träufeln.

Gefüllte Avocados

2 Avocados
60 g Shrimps
125 g Mozzarella
1 kleine Zucchini
125 g Crème fraîche
(50 ml Weißwein)
1 Zitrone, Salz, Pfeffer

F 👍
H 👎

1 Die Shrimps unter kaltem Wasser waschen und abtropfen lassen. Die Zucchini putzen und grob raspeln. Den Mozzarella in sehr kleine Stücke schneiden.

2 Crème fraîche mit dem Weißwein glatt rühren. Alle Zutaten vermengen und mit Salz, Pfeffer und Zitronensaft abschmecken.

3 Die Avocados schälen und der Länge nach in der Mitte einschneiden. Den Kern entfernen und am Boden ein wenig abflachen. Die Abschnitte klein schneiden und zur Masse geben.

4 Die Avocadohälften mit Zitronensaft beträufeln und mit der Shrimps-Zucchini-Mischung füllen.

In der Karenzphase und bei Histaminunverträglichkeit empfiehlt es sich, den Wein wegzulassen und durch Wasser zu ersetzen.

Gefüllte Tomaten

F
H

4 große frische Fleischtomaten
Basilikum, Salz, Pfeffer
250 g Cottage Cheese
4 Salatblätter

1. Die Tomaten waschen, den Deckel abschneiden und aushöhlen.
2. Basilikum, Salz, Pfeffer und den Cottage Cheese vermischen.
3. Die Tomaten damit füllen und auf den Salatblättern anrichten.

Nudelsalat mit Thunfisch

300 g Spiralen
1/2 Zucchini
2 Karotten
2 Tomaten
1 Dose Thunfisch (natur)
Petersilie, Basilikum, Oregano
Salz, Pfeffer, wenig Essig
2 EL Sauerrahm

F
H

1 Nudeln in reichlich Salzwasser bissfest kochen, danach mit kaltem Wasser abschrecken.

2 Zucchini, Karotten und Tomaten waschen. Zucchini fein reiben, Karotten und Tomaten in kleine Würfel schneiden.

3 Nudeln, Gemüse, Gewürze und Thunfisch vermengen und mit Sauerrahm und Essig abschmecken.

Tomaten mit Mozzarella

F 👍
H ☞

4 Fleischtomaten
200 g Mozzarella
3 El Olivenöl
Essig, Salz, Pfeffer, Basilikum

1 Gewaschene Tomaten und den Mozzarella in Scheiben schneiden. Kreisförmig auf einen Teller legen.

2 Öl, Essig und Gewürze mischen. Über die Tomaten und den Mozzarella geben und mit Basilikum garnieren.

Thunfisch-Tramezzini

F

H

1 Dose Thunfisch
1 TL Kapern
3 EL Joghurt (gerührt)
2 El Crème fraîche
Salz, Pfeffer
Basilikum
4 Blätter Radicchio
8 Scheiben Toastbrot

1 Das Thunfischwasser abgießen und den Thunfisch mit einer Gabel zerpflücken. Fein geschnittene Kapern, Joghurt und Crème fraîche unter den Thunfisch mischen. Mit Salz, Pfeffer und Basilikum abschmecken.

2 Die Radicchioblätter waschen und auf 4 Toastbrotscheiben legen.

3 Die Thunfischmasse auf die restlichen 4 Brotscheiben verteilen und zusammensetzen. Die Brote diagonal durchschneiden.

Suppen

Klare Gemüsesuppe

F 👍
H 👍

Zutaten für ca. 1 Liter:
150 g Suppengemüse bestehend aus Karotten und Sellerie
1,5 l Wasser
Pfefferkörner, Wacholderbeeren, Senfkörner, Maggikraut, Petersilie, Lorbeerblatt, Salz

Bei Sellerie-allergie nicht geeignet!

1 Suppengemüse mit Wasser und Gewürzen in einen Topf geben und zudecken. Suppe ca. 1 Stunde wallen lassen. Vor dem Servieren noch mit Salz abschmecken.

Rindsuppe

Zutaten für ca. 1 Liter:
100 g Suppenfleisch
150 g Suppengemüse bestehend aus Karotten und Sellerie
ca. 1,5 l Wasser
Pfefferkörner, Wacholderbeeren, Senfkörner, Maggikraut, Petersilie, Lorbeerblatt

F 👍
H 👍

1 Suppengemüse, Suppenfleisch, Gewürze und Wasser in einen Topf geben und mit einem Deckel verschließen. Suppe ca. 1,5 Stunden wallen lassen. Vor dem Servieren noch mit Salz abschmecken.

Bei Sellerie-allergie nicht geeignet!

Frittaten

F 👍
H 👍

40 g Weizenmehl (glatt)
ca. 1/16 l Milch, 1 Ei
Wasser nach Bedarf
Salz, Kräuter, 5 g Öl

1 Mehl, Milch, Ei, Wasser und Gewürze in einer Schüssel mit einem Schneebesen gut verrühren. Pfanne erhitzen, mit Öl bepinseln und dünne Palatschinken ausbacken.

2 Die überkühlten Palatschinken in Streifen schneiden und auf 4 Portionen aufteilen.

Grießnockerln

F 👍
H 👍

60 g Grieß
1 Ei
Salz, Petersilie
Salzwasser zum Kochen

1 Grieß mit dem Ei und den Gewürzen gut vermischen und ca. 10 Minuten stehen lassen.

2 Salzwasser zum Kochen bringen und mit 2 Esslöffeln ca. 8 Grießnockerln formen und in das Wasser einlegen. 10 Minuten leicht sieden und weitere 10 Minuten ziehen lassen.

Kartoffelsuppe

F 👍
H 👍

1 EL Öl
1 l klare Gemüsesuppe
4 kleine Kartoffeln
2 kleine Karotten
Salz, Pfeffer, Lorbeerblätter

1 Die rohen Kartoffeln und die Karotten kleinwürfelig schneiden und in Öl anrösten.

2 Mit der Gemüsesuppe aufgießen, würzen und ca. 20 Minuten köcheln lassen.

3 Die Hälfte der Suppe abschöpfen, pürieren und wieder mit der restlichen Suppe vermengen. Noch einmal kurz aufkochen lassen.

Schwammerl-schöberl-Suppe

F 👍
H 👍

1 l klare Gemüsesuppe
50 g frische Champignons
50 g Blattspinat (tiefgekühlt)
etwas Öl
1 Ei, 125 ml Milch
30 g Weizengrieß, 1 EL Mehl
Salz, Pfeffer, Muskatnuss

Wenn Pilze nicht vertragen werden, kann dies auf eine Trehalose-Unverträglichkeit deuten.

1 Champignons putzen und in sehr kleine Stücke schneiden. In einer Pfanne etwas Öl erhitzen und die Champignons darin anrösten. Blattspinat nach Anleitung auftauen und würzen.

2 Milch mit Salz und Muskatnuss aufkochen lassen. Den Grieß langsam einrieseln lassen und unter ständigem Rühren einkochen, dann die Masse abkühlen lassen.

3 Eidotter und Eiklar trennen, dann Eidotter, Spinat und Champignons in die Grießmasse rühren. Eiklar zu Schnee schlagen, diesen mit dem Mehl nacheinander in die Grießmasse geben. Die Masse auf ein mit Backpapier belegtes Backblech geben und fingerdick aufstreichen. Im vorgeheizten Rohr ca. 15 Minuten backen. Aus dem Rohr nehmen, auskühlen lassen und in kleine Stücke schneiden.

4 Suppe kochen und mit dem Schöberl als Einlage servieren.

Zucchinicremesuppe

F 👍
H 👍

2 kleine Zucchini
1 kleine Kartoffel
1 EL Öl
1 l Suppe oder Wasser
Salz, Pfeffer
200 g Naturjoghurt

1 Zucchini und Kartoffel klein schneiden und in Öl anrösten. Mit Salz und Pfeffer würzen und mit Suppe oder Wasser aufgießen.

2 Die Suppe 20 Minuten köcheln lassen, anschließend pürieren und abschmecken.

3 Das Joghurt zum Schluss unterrühren.

Haupt-speisen

Blätterteigstrudel mit Spinat-Käse-Füllung

F ☞
H ☞

1 Pkg. fertiger Blätterteig

200 g Schafskäse (natur)
300 g Blattspinat (tiefgekühlt)
1 Ei
Salz, Pfeffer, Muskatnuss

Dazu passt sehr gut eine Joghurt-Kräuter-Sauce und Salzkartoffeln.

1 Tiefgekühlten Spinat in eine Pfanne mit etwas Wasser geben und bei geringer Hitze auftauen. Mit Salz, Pfeffer und Muskatnuss würzen.

2 Schafskäse in kleine Würfel schneiden und zum leicht gekühlten Spinat geben.

3 Den Blätterteig auf ein Backblech geben und mit der Spinat-Schafskäse-Masse belegen. Teig einrollen und beide Enden gut verschließen.

4 Das Ei verquirlen und den Strudel damit bestreichen. Bei 200 °C etwa 30 Minuten im Rohr backen.

Brathuhn mit Reis

1 Brathuhn
Salz, Pfeffer, Paprika
Bratfolie

F 👍
H 👍

Reis als Beilage
Salz, Wasser

1 Huhn waschen, abtrocknen und mit Salz, Pfeffer und Paprika einreiben. In eine Bratfolie einwickeln und bei ca. 200 °C 1–1,5 Stunden je nach Gewicht gut durchbraten.

2 Reis mit doppelter Menge Wasser und Salz zum Kochen bringen, dann die Hitze etwas reduzieren und den Reis zugedeckt langsam dünsten.

Bei Fettunverträglichkeit Huhn besser ohne Haut essen.

Brokkoli mit Käse überbacken

F ☞
H 👎

1000 g Brokkoliröschen
300 g Emmentaler

600 g Kartoffeln
Petersilie
Salz, Pfeffer

1 Brokkoliröschen waschen und kurz blanchieren, die Kartoffeln schälen und in Salzwasser kochen.

2 Blanchierte Brokkoliröschen in eine Auflaufform geben, mit Petersilie, Salz und Pfeffer würzen und den in Scheiben geschnittenen Emmentaler darüber verteilen.

3 Bei ca. 200 °C so lange überbacken, bis der Käse geschmolzen ist.

4 Die mit Petersilie und Salz gewürzten Kartoffeln zum Brokkoli servieren.

Club-Sandwich

2 hart gekochte Eier
2 Tomaten
8 Scheiben Speck oder Schinken
8 grüne Salatblätter
12 Scheiben Toastbrot
Öl, Salz, Pfeffer, Cocktailspießchen

F 👍
H 👍

1 Speck oder Schinken kurz anbraten, Toastbrot toasten.

2 8 Toastbrote mit Salat, in Scheiben geschnittenen Tomaten, Speck oder Schinken und Ei belegen.

3 Je 2 belegte Toastscheiben und eine leere Toastscheibe übereinander stapeln.

4 Brottürme zusammendrücken und mit Cocktailspießchen fixieren. Brote zweimal diagonal durchschneiden.

Bei Histamin-unverträglichkeit empfiehlt es sich, anstelle des Specks Schinken zu verwenden.

Coniglio al Limone

F
H

4 Kaninchenschlegel (Coniglio)
Salz, Pfeffer, 2 Zitronen
3 EL Olivenöl
3–4 Thymianzweige
2 Karotten, 1/2 Sellerie
200 ml Weißwein, etwas klare Gemüsesuppe
1 EL Mehl
20 grüne Oliven

1 Die Schlegel mit Zitronensaft einreiben und ca. 1 Stunde kühl stellen.

2 Abgetropft würzen, in heißem Olivenöl scharf anbraten und die Thymianzweige dazugeben.

3 Das Fleisch aus der Pfanne nehmen und die Karotten und den Sellerie darin anrösten. Mit dem Weißwein aufgießen und alles in eine feuerfeste Form geben. Im Rohr ca. 1 Stunde schmoren und immer wieder mit etwas Gemüsesuppe aufgießen.

4 Zum Schluss die Sauce abseihen und mit 1 EL Mehl binden. Zuletzt die Oliven zum Fleisch geben.

Farfalle mit Rucola

100 g Rucola
400 g Farfalle (Schmetterlingsnudeln)
75 g Butter
75 g Parmesan
Salz, Pfeffer

F 👍
H 👎

1 Rucola putzen, grobe Stängel entfernen, waschen, trockenschleudern und grob hacken.

2 Nudeln bissfest kochen. In eine Schüssel geben und mit Butter, geriebenem Parmesan, Salz, Pfeffer sowie gehacktem Rucola vermengen.

Faschierte Laibchen mit Kartoffelpüree

F 👍
H 👍

400 g Faschiertes
1 Semmel, etwas Milch, 1 Ei, 1 EL Mehl
Salz, Pfeffer, Brösel zum Wenden, Öl

1 kg mehlige Kartoffeln, 300 ml Milch, Salz

2 kleine Zucchini, Salz, Pfeffer

1 Semmel in Milch tränken und zerpflücken.

2 Fleisch, Semmel, Ei, Mehl, Salz und Pfeffer vermischen und kleine Laibchen formen.

3 Kartoffeln schälen, waschen, vierteln und in Salzwasser ca. 20 Minuten kochen.

4 Die Zucchini in kleine Stücke schneiden und in einem Topf kurz anbraten. Mit Wasser etwas aufgießen und würzen, dann ca. 15 Minuten kochen lassen.

5 Die Laibchen in Brösel wenden und in einer Pfanne in heißem Öl anbraten.

6 Erwärmte Milch, Kartoffeln, Salz und Pfeffer zu einem Püree vermengen.

Fächerfisch im Reisring

4 Rotbarschfilets (frisch oder tiefgekühlt)
1–2 EL Olivenöl
Saft von 1 Zitrone, Salz
4 mittelgroße Tomaten
60 g Käse

250 g Reis

F 👍
H ☞

1 Den Fisch säubern, salzen und mit Zitronensaft beträufeln.

2 Die Tomaten auf der Unterseite kreuzweise einschneiden. Kurz in kochendes Wasser legen, dann kalt abschrecken und die Haut entfernen.

3 Fisch in Streifen und die Tomaten in Scheiben schneiden.

4 Den Fisch und die Tomaten schichtweise in eine Auflaufform geben, mit Käse bestreuen und ca. 20 Minuten im Rohr überbacken.

5 Den Reis zubereiten und ringförmig mit dem Fisch anrichten.

Forelle in der Folie

F 👍
H ☞

4 Forellen (frisch oder tiefgekühlt)
Zitronensaft
Salz
Petersilie
Kräuterbutter
Alufolie

Als Beilage zu den Fischgerichten passen sehr gut Petersilkartoffeln.

1 Die Forellen waschen, mit Zitronensaft beträufeln und salzen.

2 Petersilie grob hacken und in den Bauch der Fische legen.

3 Die Alufolie auf einer Seite mit der Kräuterbutter bestreichen und den Fisch darin einwickeln. Bei ca. 200 °C etwa 25 Minuten im Rohr backen.

Gebratene Scholle

200 g Schollenfilet pro Person
(frisch oder tiefgekühlt)
Salz, Pfeffer
Zitronensaft
Öl, Mehl

F
H

1 Fischfilets waschen, abtrocknen, mit Zitronensaft beträufeln, salzen und pfeffern.

2 Eine Seite bemehlen, auf der anderen Seite kurz anbraten und zuletzt auf der bemehlten Seite fertig braten.

Gefülltes Schweinskarree

F
H

Zutaten für 2 Personen:
4 Stk. Schweinskarree
12 dünne Scheiben Karreespeck
40 g Bergkäse
Salz, Pfeffer, Oregano
Butter, Zahnstocher

1 Schweinefleisch leicht klopfen. Anschließend beide Seiten mit Salz, Pfeffer und Oregano würzen.

2 Speck und Käse zwischen 2 Schweinskarrees geben und mit Zahnstochern fixieren.

3 Butter in Pfanne zergehen lassen und die Karrees auf beiden Seiten anbraten.

4 Anschließend noch ca. 5 Minuten in das Backrohr geben und bei ca. 200 °C fertig garen.

5 Mit Püree, Reis oder Salzkartoffeln als Beilage servieren.

Gekochtes Rindfleisch mit Spinat

500 g Rindfleisch, Wurzelgemüse für den Kochsud
Salz, Pfefferkörner, Lorbeerblatt, Senfkörner, Wacholderbeeren

200 g feiner Blattspinat, Öl, Salz, Pfeffer, Muskatnuss

Kartoffeln

F 👍
H ☞

1 Rindfleisch im Kochsud mit Wurzelgemüse ca. 1,5 Stunden wallen lassen.

2 Etwas Öl vorsichtig erwärmen, Blattspinat beigeben, mit Salz, Pfeffer und Muskatnuss würzen. Kurz dünsten lassen.

3 Die Kartoffeln schälen und in Salzwasser kochen.

4 Das Rindfleisch in Scheiben schneiden und mit dem Spinat und den Salzkartoffeln anrichten.

Bei erhöhter Empfindlichkeit kann man statt Blattspinat auch Creme-spinat verwenden.

Kartoffel-Lachs-Gratin

F
H

800 g Kartoffeln, 200 g Räucherlachs
150 g Karotten, Salz, Pfeffer

30 g Butter, 4 EL Mehl, 0,5 l Milch
Salz, Muskatnuss, Pfeffer

70 g geriebener Käse

1 Die Kartoffeln mit der Schale kochen.

2 Für die Béchamelsauce Butter zergehen lassen, Mehl dazugeben und leicht bräunen. Mit der Milch aufgießen und ständig rühren, sonst bilden sich Klumpen. Noch einmal aufkochen lassen, würzen und zur Seite stellen.

3 Die gekochten Kartoffeln und Karotten zuerst schälen und dann in Scheiben schneiden. In eine Auflaufform eine Schicht Kartoffeln, eine Schicht Karotten und eine Schicht Lachs geben, abschließend würzen. Noch einmal wiederholen und mit einer Schicht Kartoffeln abschließen.

4 Darüber die Béchamelsauce geben, mit dem geriebenen Käse bestreuen und im Backrohr ca. 15 Minuten überbacken.

Kartoffel-Zucchini-Auflauf

F 👍
H ☞

600 g Kartoffeln
1 gelbe Zucchini
1 grüne Zucchini
125 g frische Champignons
Salz, Pfeffer, Petersilie
1 Becher Sauerrahm
wenig geriebener Käse

1 Kartoffeln schälen und in dünne Scheiben schneiden.

2 Zucchini und Champignons waschen und ebenfalls in dünne Scheiben schneiden.

3 Kartoffeln, Zucchini, Champignons und Gewürze vermengen und in eine Auflaufform geben.

4 Sauerrahm und Käse darauf verteilen und bei ca. 200 °C 45–60 Minuten im Rohr überbacken.

Kässpätzle

F ☞
H ☞

400 g Mehl, 3 Eier
ca. 1/8 l Wasser, Salz
70 g Bergkäse
70 g Räßkäse
1 Bund Petersilie
etwas Öl

Bei Histaminunverträglichkeit die genannten Käsesorten durch Butterkäse ersetzen.

1 Käsesorten reiben und vermengen.

2 Mehl, Eier, Wasser und Salz rasch zu einem Teig vermengen. Portionsweise durch ein Spätzlesieb in das kochende Salzwasser drücken. Wenn die Spätzle an der Oberfläche schwimmen, mit einem Schöpflöffel herausnehmen und abschrecken.

3 In einer Pfanne Spätzle anrösten und Käse dazugeben. Mit Petersilie bestreuen.

Kürbisrisotto

400 g Kürbis
50 g Speck
1 EL Olivenöl
400 g Risottoreis
1 l Wasser bzw. Gemüse- oder Fleischsuppe
50 g Parmesan
1 Bund Petersilie, Salz, Pfeffer

F 👍
H 👎

1. Kürbis putzen und in kleine Würfel schneiden. Räucherspeck ebenfalls in Würfel schneiden.

2. Speck und Kürbis in Olivenöl andünsten, dann den Reis dazugeben.

3. Mit 2 Schöpfer Wasser (bzw. Suppe) aufgießen und alles einkochen lassen. Diesen Vorgang wiederholen, bis der Reis gar, aber noch bissfest ist (Dauer ca. 30 Minuten).

4. Zum Schluss Parmesan und Petersilie untermischen. Mit Salz und Pfeffer abschmecken.

Statt Kürbis eignen sich auch Zucchini, Steinpilze oder Fenchel.

Lachsfilet in Kartoffelkruste

F
H

Zutaten für 2 Personen:
250 g Lachsfilets (frisch oder tiefgekühlt)
20 g Öl
400 g Kartoffeln, 1 Ei, 1 EL Mehl
Salz, Pfeffer, Zitronensaft
1 Zucchini, 1 Becher Sauerrahm, Dille

1 Kartoffeln schälen, grob raspeln und ausdrücken. Mit Ei, Mehl, Salz und Pfeffer vermischen.

2 Lachsfilets in 2 gleich große Stücke schneiden. Mit Salz, Pfeffer und Zitronensaft würzen. Filets in die Kartoffelmasse drücken, dass die Filetstücke auf beiden Seiten 1/2 cm mit Kartoffelmasse bedeckt sind. Masse leicht andrücken.

3 Öl erhitzen, Lachs beidseitig darin braten und anschließen bei ca. 150 °C ins Backrohr geben, bis Kartoffeln und Lachs fertig gegart sind.

4 In der Zwischenzeit Zucchini in Scheiben schneiden, würzen und in Öl kurz anbraten. Für die Sauce Sauerrahm mit Salz, Pfeffer und Dille vermischen.

5 Filets mit Zucchinigemüse und Sauerrahmsauce servieren.

Nudeln mit Gorgonzolasauce

F 👍
H 👎

Zutaten für 2 Personen:
160 g Nudeln
120 g Gorgonzola
2 EL Butter
1 EL Mehl
250 ml Milch
Salz, Pfeffer, Oregano, Basilikum

1 Nudeln in reichlich Salzwasser bissfest kochen.

2 Für die Sauce eine Béchamelsauce aus Butter, Mehl und Milch zubereiten. Den Gorgonzola dazugeben und mit Salz, Pfeffer, Oregano und Basilikum würzen.

3 Nudeln abseihen und mit der Gorgonzolasauce servieren.

Nudeln mit Mascarponesauce

F ☞
H ☟

400 g Nudeln, Salz
3 mittelgroße Karotten
2 Tomaten
2 EL Butter, 300 g Mascarpone
(100 ml Weißwein), 100 ml klare Gemüsesuppe
Pfeffer, Basilikum, Oregano

Bei Histaminunverträglichkeit empfiehlt es sich, den Wein wegzulassen.

1 Nudeln in reichlich kochendem Salzwasser 10–15 Minuten bissfest kochen.

2 Für die Sauce Karotten schälen, waschen, fein würfeln. Die Tomaten ebenfalls waschen, vierteln und Kerne entfernen. Das Fruchtfleisch in kleine Würfel schneiden.

3 Die Kräuter waschen und fein hacken.

4 Karotten in Butter andünsten. Mit Weißwein ablöschen und 2–3 Minuten bei starker Hitze einkochen lassen.

5 Gemüsesuppe und Mascarpone einrühren und erhitzen. Mit Salz und Pfeffer würzen und gehackte Kräuter und Tomatenwürfel unterheben.

Saltimbocca alla Romana

4 dünne Kalbschnitzel
4 Scheiben Schinken
4 große Salbeiblätter
Salz, Pfeffer
4 EL Butter

Kartoffeln, Salz

F 👍
H 👍

1 Kalbsschnitzel mit dem Fleischklopfer flach klopfen. Auf jedes Schnitzel eine Scheibe Schinken sowie ein Salbeiblatt legen und mit einem Holzspießchen feststecken. Die Schnitzel mit Salz und Pfeffer würzen.

2 Die Kartoffeln schälen und in Salzwasser kochen.

3 In einer großen Pfanne Butter zergehen lassen und die Kalbschnitzel mit der Schinkenseite zuerst 2 Minuten anbraten. Dann wenden und auf der zweiten Seite noch 1/2 Minute braten. Mit den Kartoffeln anrichten und servieren.

Scholle mit Kapern und Basilikum

F 👍
H ☞

4 Schollenfilets à 250 g (frisch oder tiefgekühlt)
4 EL Öl, 4 EL Mehl, 4 EL Semmelbrösel
1 Limette oder Zitrone, Salz, Pfeffer

4 kleine Tomaten, 12 Kapernbeeren
1 Bund Basilikum, 40 g Butter

Dazu passen Salzkartoffeln.

1 Scholle mit Limettensaft beträufeln, salzen und pfeffern. Mit beiden Seiten in die Mehl-Brösel-Mischung tauchen. Dann in Öl kurz anbraten.

2 Blech mit Backpapier vorbereiten und Backrohr auf 160 °C vorheizen. Angebratene Schollenfilets darauf geben. Bei ca. 160 °C etwa 10 Minuten im Backrohr fertig garen.

3 In der Zwischenzeit Tomaten in Scheiben schneiden und die Kapern abtropfen lassen.

4 Die Butter in einem Topf zergehen lassen und Kapern und grob gehackten Basilikum darin schwenken.

5 Fertige Fischfilets auf vorgewärmte Teller geben. Tomatenscheiben darauf legen und dann mit Kapern-Basilikum-Butter garnieren.

Schweinemedaillons mit Spinat und Käse

400 g Schweinsfilet
300 g Blattspinat (tiefgekühlt)
ca. 16 Scheiben Emmentaler oder Gouda
2 EL Öl
Salz, Pfeffer
Oregano, Basilikum

F 👍
H 👎

1 Schweinsfilet in Stücke schneiden, mit Salz, Pfeffer, Oregano und Basilikum würzen. Anschließend das Schweinsfilet in Öl kurz anbraten.

2 Blattspinat auftauen lassen, dann ein wenig würzen und auf die Filets verteilen.

3 Käse darauf geben und bei 200 °C ca. 30 Minuten im Backofen überbacken.

Als Beilage eignen sich Püree oder Kartoffeln.

Spaghetti Napolitana mit Tomatenstücken

F ☞
H 👎

500 g Spaghetti
2 EL Olivenöl
1 Karotte, 1 Selleriestange
500 g reife Tomaten
120 ml Weißwein, 1 EL Zucker
1 EL frische Petersilie, 1 EL frischer Oregano
Salz, Pfeffer

1 Die Nudeln in Salzwasser bissfest kochen.

2 Karotte und Selleriestange fein würfeln und alles in einer Pfanne bei niedriger Hitze 10 Minuten dünsten, aber nicht bräunen.

3 Tomaten hacken und zusammen mit Wein und Zucker dazugeben. Sauce aufkochen und ca. 45 Minuten leicht köcheln lassen.

4 Mit Salz und schwarzem Pfeffer abschmecken. Zum Schluss die frischen Kräuter dazugeben und mit den Nudeln servieren.

Spargellasagne

9 Lasagneblätter
500 g grüner Spargel, 500 g weißer Spargel
2 EL Butter, 1/2 l Milch, 2 El Mehl
Salz, Pfeffer, Muskatnuss
Basilikum, Oregano
100 g Parmesan

F ☞
H 👎

1 Spargel schälen, in das Salzwasser 1 TL Butter geben und bissfest kochen.

2 Aus Butter, Mehl und Milch eine Bechamelsauce herstellen und mit Salz, Pfeffer, Muskatnuss, Basilikum und Oregano würzen.

3 Eine Auflaufform befetten und abwechselnd Lasagneblätter, Spargel und Béchamelsauce einschichten. Diesen Vorgang dreimal wiederholen.

4 Mit einer Schicht Sauce abschließen und diese mit Parmesan bestreuen. Bei ca. 200 °C etwa 20–30 Minuten überbacken.

Überbackene Melanzani

F 👍
H 👎

1 große Melanzani
200 g frische Champignons
3 EL Semmelbrösel
3 EL grob gehackter Basilikum
40 g geriebener Parmesan
125 g Mozzarella
Olivenöl, Salz und Pfeffer

Dieses Gericht kann als Beilage oder aber mit Ebly als Hauptspeise verwendet werden.

1 Melanzani waschen, den Stiel entfernen und der Länge nach in ca. 0,5 cm dicke Scheiben schneiden.

2 Die Melanzanischeiben auf beiden Seiten salzen und ca. 30 Minuten ziehen lassen. Danach mit Küchenkrepp das Wasser gut abtupfen.

3 Champignons klein schneiden und in einer Pfanne mit den Semmelbröseln anbraten. Vom Herd nehmen und mit Salz, Pfeffer, Basilikum und Parmesan abschmecken.

4 Mozzarella in dünne Scheiben schneiden. Die Melanzani in eine befettete feuerfeste Form geben und mit den Champignons und mit Mozzarella belegen.

5 Das Backrohr vorheizen und dann die Melanzani bei ca. 180 °C 25–30 Minuten überbacken.

Zucchini-Risotto

F

H

2 kleine Zucchini (ca. 300 g)
2 kleine Karotten
etwas Öl
400 g Risottoreis
1 l klare Gemüsesuppe
30 g Parmesan, Salz, Pfeffer
Basilikum

1. Zucchini und Karotten kleinwürfelig schneiden und in etwas Öl anrösten.

2. Risottoreis dazugeben und mit etwas Gemüsesuppe aufgießen, anschließend würzen.

3. Etwas aufkochen lassen und dann wieder klare Gemüsesuppe dazugeben. Diesen Vorgang wiederholen, bis der Risotto bissfest ist (ca. 30 Minuten).

4. Zum Schluss noch Parmesan und Basilikum dazugeben.

▸▸▸ Fruchtzuckerarm kochen

Süßspeisen

und Desserts

Biskuitroulade

F ☞
H 👍

5 Eidotter, 100 g Zucker
4 EL heißes Wasser
5 Eiklar, 100 g Mehl

250 g Topfen, 100 g Naturjoghurt (gerührt)
Vanillezucker, Vanillemark

1 Eidotter, 2/3 des Zuckers und heißes Wasser schaumig schlagen.

2 Eiklar halb steif rühren und mit dem restlichen Zucker zu einem festen Schnee schlagen. Abwechselnd mit dem Mehl unter die Dottermasse heben.

3 Die Biskuitmasse auf ein mit Backpapier belegtes Blech streichen. Im Rohr bei 200 °C ca. 10 Minuten backen.

4 Auf ein mit Zucker bestreutes Geschirrtuch stürzen und sofort einrollen.

5 Topfen, Joghurt, Vanillezucker sowie das Vanillemark vermischen, auf die ausgekühlte Biskuitrolle streichen und einrollen.

Holunder-Buttermilch-Torte

F ☞
H 👍

6 Eidotter, 90 g Staubzucker, Zitronenschale
Vanillemark, 180 g Mehl (glatt), 90 g Butter
6 Eiklar, 90 g Kristall- oder Traubenzucker

250 ml Holunderblütensirup, 6 Blatt Gelatine
250 ml Schlagobers, 250 ml Buttermilch
1 Zitronensaft, 40 g Staubzucker

1 Die Eidotter mit dem Staubzucker und den Geschmackszutaten schaumig rühren. Das Mehl und die zerlassene Butter unterziehen. Eiklar mit dem Kristallzucker zu Schnee schlagen und langsam unter die Dottermasse heben.

2 Danach den Teig in eine befettete und bemehlte Form füllen und bei ca. 180 °C 25 Minuten backen. Fertiges Biskuit aus der Form stürzen und abkühlen lassen.

3 Den Sirup ca. 5 Minuten einkochen lassen. Die Schlagsahne schlagen und kalt stellen. Buttermilch, Zitronensaft, Staubzucker und den ausgekühlten Holundersaft miteinander verrühren. Die Gelatine in kaltem Wasser einweichen, danach gut ausdrücken, und über Wasserdampf in einem Teil der Buttermilch-Holunder-Mischung auflösen. Rasch mit der restlichen Buttermilch-Mischung verrühren und die Schlagsahne unterheben.

4 Das Biskuit wieder in eine Form geben und mit der Creme bedecken. Ca. 6 Stunden kalt stellen.

Joghurtpudding

F ☞
H 👍

1 Pkg. Vanillepuddingpulver
1/2 l Milch
4 EL Haushaltszucker oder Traubenzucker
1 Becher Naturjoghurt

In der Anfangsphase sollten keine Fruchtjoghurts verwendet werden.

1 Pudding nach Packungsanleitung kochen und etwas auskühlen lassen.

2 Das Joghurt unterrühren, in Schüsseln füllen und kalt stellen.

Kaffeecreme

1/4 l Kaffee
100 g Zucker
1 EL Kakaopulver
5 Blatt Gelatine
1/4 l Schlagsahne
Mokkabohnen für die Garnitur

F 👍
H 👍

1 Gelatine in kaltem Wasser einweichen, ausdrücken, in den heißen Kaffee rühren und auflösen. Kakao und Zucker einrühren und kalt stellen.

2 Kurz bevor die Creme fest wird, muss die steif geschlagene Sahne untergehoben werden.

3 Creme in geeignete Gläser füllen und mit Mokkabohnen garnieren.

Karottentorte

F ☞
H 👍

1/2 kg Karotten
7–8 Eidotter, 125 g Zucker
1 Zitrone (unbehandelt)
200 g Kokosraspeln oder geriebene Haselnüsse
75 g Mehl, 2 TL Backpulver
Zimt, 100 g Nüsse
7–8 Eiklar

Die Torte entfaltet erst nach einem Tag ihr richtiges Aroma.

1 Karotten fein raspeln und ausdrücken, Eidotter und Zucker schaumig rühren. Den Zitronensaft und die Karotten untermengen.

2 Kokosraspeln, Mehl, Backpulver, Nüsse, Zimt und Zitronenschale vermengen und abwechselnd mit dem steif geschlagenen Eiklar unter die Dotter-Zucker-Masse heben.

3 Die Masse in eine befettete und bemehlte Tortenform geben. Bei 175 °C (Ober- und Unterhitze) ca. 60 Minuten backen.

Marmorgugelhupf

F

H

5 Eier
250 g Mehl (glatt)
250 g Staubzucker
1 Pkg. Backpulver
2 EL Kakaopulver
1/8 l Sonnenblumenöl

1 Eier trennen, Eidotter, Zucker und Öl zu einer cremigen Masse verrühren.

2 Eiklar zu Schnee schlagen, diesen abwechselnd mit dem mit Backpulver vermischten Mehl unter die Masse rühren.

3 Die Masse in 2 Hälften teilen. In eine Hälfte noch das Kakaopulver untermischen.

4 Dann die beiden Teigmassen abwechselnd in eine bemehlte Gugelhupfform geben und bei ca. 200 °C 50 bis 60 Minuten backen.

Muffins

F ☞
H 👍

Zutaten für ca. 30 Stück:
5 Eier, 250 g Zucker
250 g glattes Mehl, ein wenig Backpulver
1/8 l Öl, 1/8 l lauwarmes Wasser
2 TL Kakaopulver
ca. 30 Muffin-Papierformen

Achtung: Industriell gefertigte Muffins enthalten oft Sorbit oder Fruktose und sind daher schlecht verträglich.

1 Eidotter, Zucker, Öl und Wasser schaumig rühren, das Backpulver mit dem Mehl vermischen.

2 Eiklar zu Schnee schlagen und abwechselnd mit dem Mehl unter die Eidotter-Zucker-Öl-Masse heben.

3 Die Masse in 2 Hälften teilen, in eine Hälfte Kakaopulver unterheben.

4 Muffin-Papierformen auf ein Blech setzen und jeweils mit der hellen und dunklen Masse 3/4 voll füllen. Bei ca. 200 °C 10 bis 15 Minuten backen.

Muskaziendlen

200 g geriebene Mandeln
200 g Staubzucker
2 Eier
3 EL Mehl
Nelkenpulver, Zimt, Muskatnuss
Backoblaten

F ☞
H 👍

1 Alle Zutaten zu einem Teig verarbeiten (der Teig sollte nicht zu flüssig sein).

2 Backoblaten auf ein Backblech legen und mit zwei Teelöffeln Häufchen auf die Backoblaten setzen.

3 Im Rohr bei 160 °C ca. 20 Minuten backen.

Ricottacreme-Kuchen

F ☞
H 👍

200 g Mehl, 100 g Zucker
100 g Butter, 2 Eier, Salz

500 g Ricotta-Frischkäse
150 g Zucker
1 Ei, 1 Zitrone

1 Für den Teig das Mehl mit dem Zucker vermischen und auf eine Arbeitsplatte geben.

2 Eine Grube machen und die weichen, klein geschnittenen Butterstücke mit einem Ei, einem Eidotter und eine Prise Salz rasch zu einem Teig verkneten. Vorsicht: Teig nicht zu lange kneten, anschließend 1/2 Stunde kalt stellen.

3 Für die Creme Ricotta, Zucker, Ei und die geriebene Zitronenschale gut verrühren.

4 Eine Tortenform mit ca. 2/3 des Teiges auskleiden und 10 Minuten vorbacken, dann die Creme darauf geben. Aus dem restlichen Teig Streifen schneiden und im Gittermuster auf die Ricottacreme legen.

5 Im vorgeheizten Backrohr den Kuchen ca. 40 Minuten fertig backen.

Tiramisu

F ☞
H 👎

Zutaten für 6 Personen:
150 g Eierlikör
100 g Staubzucker
500 g Mascarpone
250 ml Espresso
300 g Biskotten
Kakaopulver zum Verzieren

1 Eierlikör und Zucker mit dem Mixer gut vermischen. Mascarpone darunter rühren. Biskotten im Kaffee ein wenig einweichen.

2 Abwechselnd Biskotten und Mascarponecreme in eine Form schichten.

3 Anschließend mit Kakaopulver bestreuen und kalt stellen.

Topfennockerln

F ☞
H 👍

500 g Topfen
6-8 EL Brösel
2 Eier
Prise Salz
eventuell etwas Zucker
etwas Zimt-Zucker zum Bestreuen

Dazu passt z. B. ein Mandarinen-kompott.

1 Alle Zutaten gut verrühren und ca. 15 Minuten rasten lassen.

2 Wasser in einem Topf erhitzen, etwas salzen. Aus der Topfenmasse mit einem Löffel Nockerln formen und ins heiße Wasser setzen. Zugedeckt etwa 10 Minuten ziehen lassen.

3 Mit etwas Zimt-Zucker bestreuen und sofort servieren.

Topfenpalatschinken

40 g glattes Mehl
3 Eier, 1 Prise Salz
400 ml Milch, 15 g Öl

250 g Topfen
Mark von 1 Vanilleschote
etwas Zucker oder Traubenzucker

F 👍
H 👍

1 Mehl mit den Eiern und der Hälfte der Milch zu einem dickflüssigen Teig verrühren, mit der restlichen Milch in die gewünschte Konsistenz bringen und salzen.

2 Öl in einer Palatschinkenpfanne erhitzen, etwas Teig in die Pfanne gießen, nach kurzer Zeit wenden und herausnehmen.

3 Die Vanilleschote der Länge nach aufschneiden, das Vanillemark herauskratzen und mit dem Topfen und dem Zucker vermischen. Die Palatschinken damit füllen.

Topfenstrudel

F 👍
H 👍

1 Pkg. fertiger Strudelteig

50 g Butter, 25 g Staubzucker, 3 Eidotter
Salz, 1 Pkg. Vanillezucker, Zitronenschale
400 g Topfen, 3 Eiklar
20 g Kristallzucker oder Traubenzucker
20 g Vanillepuddingpulver

1 Butter mit Staubzucker, Eidottern und Geschmackszutaten flaumig rühren.

2 Eiklar mit dem Zucker zu Schnee schlagen und mit dem Vanillepuddingpulver unter die Masse heben. Topfen dazurühren.

3 Den Strudelteig auf einem Blech ausbreiten. Die Topfenfülle darauf verteilen, einschlagen und bei ca. 180 °C etwa 1 Stunde backen.

Vanille-Flammeri

1 Ei
40 g Maizena
50 g Traubenzucker Dextropur®
1/2 l Milch
2 EL Vanillepuddingpulver

Schokoladesauce

F
H

1 375 ml Milch mit Traubenzucker zum Kochen bringen. Die restliche Milch, Maizena, Eidotter und das Vanillepuddingpulver anrühren. In die kochende Milch einrühren und unter Rühren kurz aufkochen lassen.

2 Das Eiklar steif schlagen und unterziehen. In kleine, mit kaltem Wasser ausgespülte Formen geben und überkühlen lassen.

3 Mit Schokoladesauce garnieren und servieren.

Marmeladen

und Säfte

Wie bereits eingangs erwähnt, spielt die Menge des verzehrten Fruchtzuckers bei der Verträglichkeit eine große Rolle. Dies ist im folgenden Kapitel besonders zu beachten.

Beerenmarmelade

F ☞
H ☞

1500 g Beeren
750 g Zucker

1 Früchte mit Zucker vermengen, zum Kochen bringen und unter Rühren 1/4 Stunde kochen lassen. Vom Herd ziehen, 12 Minuten weiterrühren. In Gläser füllen, sterilisieren und erkalten lassen.

Bevor man die Marmelade auf ein Brot streicht, kann man zur besseren Verträglichkeit noch ein wenig Traubenzucker unter die gerade verwendete Menge mischen.

Holunderblüten-Gelee

Zutaten für ca. 8 Marmeladegläser à 400 ml:
30 Holunderblüten, ca. 1 l Wasser
2 Zitronen (in Scheiben geschnitten)
1 l Wasser, 180 g Zucker
3 TL Agar Agar

F ☞
H 👍

1 Holunderblüten und die Zitronenscheiben im kochenden Wasser ca. 2–3 Minuten lang ziehen lassen. Die Holunderblüten dabei im Wasser umdrehen, bis sie alle nass und vorgekocht sind. Nun ein paar Stunden ziehen lassen und dann ausdrücken, abseihen und den entstandenen Holunderblütensaft weiterverarbeiten.

2 Holunderblütensaft, Wasser und Zucker zum Kochen bringen und dabei ständig umrühren. Anschließend Agar Agar hinzufügen.

3 2 Minuten lang durchkochen und in die Gläser abfüllen. Gläser danach 5 Minuten lang auf den Kopf stellen.

Das Gelee kann anstatt mit Wasser auch mit Orangensaft zubereitet werden.

Holundersirup

F ☞
H 👍

80 g Zitronensäure
3 kg Zucker
3 l Wasser
ca. 20 Holunderblüten
4 Zitronen (in Scheiben geschnitten)

Neigt man zu Blähungen, sollte man den Sirup nicht mit kohlensäurereichem Mineralwasser sondern mit Leitungswasser aufgießen.

1 Zitronensäure, Zucker und Wasser vermischen. Die Blüten und Zitronenscheiben hinzufügen. Ca. 4 Tage bei Sonnenschein am Balkon oder auf der Terrasse stehen lassen, dann abseihen und in Flaschen füllen.

2 Mit kaltem Wasser aufgießen und als herrliches Erfrischungsgetränk servieren.

ACHTUNG: Sirup nur sehr stark verdünnt verträglich!

Mandarinen-Marmelade

Zutaten für ca. 8 Gläser à 1/4 l:
2 kg Mandarinen
1/2 kg Zucker, 1 TL Salz

F ☞
H

1 Schalen von 2 Mandarinen und Salz in einen kleinen Topf mit Wasser geben und weich kochen (ca. 20 Minuten). Schalen abseihen, abschrecken und mit kaltem Wasser bedeckt einen Tag ziehen lassen. Man sollte das Wasser mehrmals wechseln.

2 Schalen im Sieb abtropfen lassen, die Innenhaut abschaben. Danach die Schalen in feine Streifen schneiden.

3 Ca. ein 3/4 kg der Mandarinen so schälen, dass das Fruchtfleisch frei liegt. Spalten zwischen den Trennhäuten herausschneiden und kleinwürfelig schneiden.

4 Restliche Mandarinen auspressen. Den Saft (ca. 1/2 l) mit Schalenstreifen, Fruchtfleisch und Zucker vermischen und aufkochen. Unter ständigem Rühren die Marmelade einkochen lassen.

5 Marmelade in sterile Gläser füllen. Gläser verschließen, sterilisieren und auf den Kopf gestellt auskühlen lassen.

Weiterführende Internetadressen

Beratungsstellen und wichtige Internetadressen bei Fruktosemalabsorption:

Informationen zur Fructosemalabsorption: www.fructose.at
Gesundheits- und Informationssystem: http://sogis.uibk.ac.at

BERUFSVERBÄNDE:

Verband der DA und EMB: www.ernaehrung.or.at
Verband der DiätassistentInnen Deutschland: www.vdd.de
Schweizer Verband dipl. ErnährungsberaterInnen: www.sverb-asdd.ch
European Federation of the Associations of Dietitians: www.efad.org
International Confederation of Dietetic Associations: www.internationaldietetics.org

INTERESSENSVERBÄNDE / VEREINE:

Österreichische Gesellschaft für Ernährung: www.oege.at
Deutsche Gesellschaft für Ernährung e.V.: www.dge.de
Forum Ernährung heute: www.forum-ernaehrung.at
Verband der Ernährungswissenschafter Österreichs: www.veoe.org
Schweizerische Vereinigung für Ernährung: www.sve.org
Verein der gesunden Ernährung und Diätetik: www.vfed.de

Alphabetischer Index

Hubert Krenn Verlag – Unser Programm

ISBN 3-902351-53-5

ISBN 3-902351-54-3

ISBN 3-902351-40-3

ISBN 3-902351-42-X

ISBN 3-902351-41-1

ISBN 3-902351-57-8

ISBN 3-902351-19-5

ISBN 3-902351-18-7

ISBN 3-902351-24-1

ISBN 3-902351-20-9

ISBN 3-902351-06-3

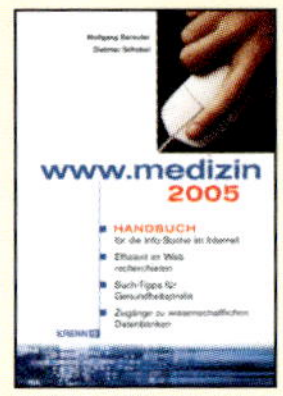

ISBN 3-902351-59-4

ISBN 3-902351-08-X

ISBN 3-902351-17-9

ISBN 3-902351-27-6

ISBN 3-902351-28-4

ISBN 3-9501316-6-3

ISBN 3-9501316-7-1

ISBN 3-902351-05-5

ISBN 3-902351-09-8

ISBN 3-902351-15-2

ISBN 3-902351-16-0

ISBN 3-902351-07-1

ISBN 3-902351-31-4

ISBN 3-902351-32-2

ISBN 3-902351-29-2

ISBN 3-902351-30-6

Bestellungen richten Sie bitte an die Hubert Krenn VerlagsgesmbH oder an Ihre Buchhandlung.

Hubert Krenn VerlagsgesmbH · Wiedner Hauptstraße 64/9 · A-1040 Wien
Tel.: 01-585 34 72 · Fax: 01-585 04 83 · hwk@buchagentur.at · www.hubertkrenn.at

KRENN